www.tredition.de

AF196260

Maria Weidner

Getrocknete Tränen schmerzen

Poesie aus dunklen Stunden

www.tredition.de

Verlag und Druck: tredition GmbH, Halenreie 40-44, 22356 Hamburg

978-3-347-31533-4(Paperback)
978-3-347-31534-1(Hardcover)
978-3-347-31535-8 (e-Book)

Liebe Leserin, Lieber Leser,

in diesem Buch geht es unter anderem um Depressionen, Essstörung, Selbstverletzung, Selbstmord und Traumata. Wenn mindestens eines dieser Themen schwierig für dich ist, achte bitte beim Lesen besonders gut auf dich.

Du kannst nicht mehr?
Wen kümmert's schon.
Lass es nur niemanden seh'n,
dann wird es schon geh'n.

Du brichst zusammen?
Einer hilft dir sicher auf.
Aber nicht jetzt und nicht hier
und ganz gewiss nicht ich.

Du willst nicht mehr?

Du gibst auf?
Das geht schon in Ordnung.
Solange es mich nicht betrifft
und du einfach weiter machst.

Du hast mich anders gemacht,
aber mir nie gezeigt, wie ich
damit klarkomme.

Wie kann ich je vergessen?

Du konntest alles mit mir machen.

Mir alles wegnehmen.

Mir alles verbieten.

Mich beschimpfen.

Mich beleidigen.

Mich belügen.

Mich schlecht machen.

Mich anschreien.

Mich schlagen, treten.

Nach und nach sehe ich es klar.

Alles, wonach dir grade war.

ich allein

muss mit meinem Leben leben

ich muss es jeden Tag ertragen

niemand anderes. niemand weiß

wie weh es tut.

Bitte geh.

Ich will nur alleine sein.

essen, bis mir schlecht wird

stundenlang aufs Handy starren

aus dem Fenster schauen

den Tränen nahe

Sie setzen alles daran,

mir zu zeigen,

wie unwichtig ich bin.

Das Geräusch vom Wind in den Bäumen.

Das Ticken der Uhr.

Der dunkle Schein der Lampe.

Ich kann spüren, wie still das Haus ist.

Was bleibt, ist der Schmerz
der bitteren Realität.

Ich weine auf der Fensterbank.

Die Tür von innen abgeschlossen.

Nicht, dass jemand nach mir schauen würde.

Ein großes leeres nichts

in mir drin

kalt und schmerzhaft

verlangt es nach Sinn

nach Unmöglichem

endlich Ruhe, friedliche Stille

und alles anders

als es ist.

Das Leben ist traurig.

Es gibt immer einen Verlierer.

Ich hasse das Gefühl aufzuwachen

wenn ich nicht schlafen gehe

wird es nie morgen.

Meine Familie fühlt sich so falsch und kaputt an.

Ich fühle mich müde.

In Watte gepackt.

Ruhig gestellt.

Taub.

da ist eine tiefe Ruhe in mir

und eine noch tiefere Unruhe

Manchmal werde ich glücklich,

wenn ich daran denke,

diese Welt irgendwann

verlassen zu dürfen.

Was zählt das schon?

Was zählt überhaupt etwas?

Und für wen?

Wenn wir tot sind, ist es

unser Leiden auch.

Was zählt das alles?

Wenn die Welt zerstört ist,

wer ist dann noch da,

um sie und alle zu betrauern?

Das große Nichts, was

irgendwann bleibt,

interessiert nichts.

gelähmt

gefangen zwischen Ende

und Anfang

Das Ende in Sicht

und doch schon da

der Anfang so weit entfernt

nur eine nicht greifbare Angst

schutzlos

die Mauern eingerissen

die neuen nur schemenhaft

bleibt nichts übrig zu tun.

Wenn der Mensch seinen Sinn nicht erkennt

und die Welt nicht durchschauen kann,

hat er nicht das Recht, sein Leben als sinnlos zu

bezeichnen.

PERFEKT

Perfekt sein
und dann glücklich sein.

Ein perfektes Ich
braucht keine Selbstvorwürfe
schlechtes Gewissen
Selbsthass.
Ein perfektes Ich
findet Frieden und Freiheit.

Meine Freunde können ohne mich.

Jeder neue Tag beweist es.

Liebe,

Anerkennung,

Wissen.

Alles, was glänzt.

Die Welt rennt hinterher

und keiner weiß, wohin

alles führt.

Halten uns fest

an Federn im Wind,

als wären es Bäume.

Jeder ist schön.

Natur sind Wunder.

Menschlichkeit.

Kunst.

Wirklichkeit oder

Euphemismen.

Wie kannst du leben?

Unter der Last

jeder einzelnen traurigen Seele?

jedes hungernden Kindes?

jedes sterbenden Menschen?

Ich kann es nicht.

Und doch lebe ich noch.

Ich ertrinke ohne zu sterben

weit weg von der Welt

vergessen, unerwünscht

nicht gesund genug

nicht krank genug.

Wie kann ich mich hassen, wenn ich mich gar nicht kenne?

Ich ertrinke in Tränen

verschwinde hinter Stimmen

im Nirgendwo

es zerrt mich weg von hier

aus meinem Leben

von der Welt

ich habe nichts mehr zu geben

nichts mehr, was zählt.

Das ist nicht meine Welt

vielleicht wartet sie schon auf mich

und sie ist es, die mir zuruft

der Sieg liegt darin aufzugeben

komm her zu mir

ich habe alles das, was dir fehlt.

Ich bin nicht da.

Ich fühle nicht.

denke ich.

Und dann lese ich

meine Texte, Berichte

Träume und Ideen

und merke, dass ich bin.

So lebendig, wie ein Mensch sein kann.

Auch, wenn ich es nicht fühle.

ich habe mir gewünscht

schwer krank zu werden

immer wieder

und wieder

und wieder

um endlich geliebt zu werden

Einfach so.

Ich bin ein Kind

auf der Suche

nach einem Zuhause.

suche den Weg

sehe nur Auswege

im Sehnen nach zuhause

die Vertrautheit im Schmerz gefunden

die Decke der Traurigkeit wärmt

heuchlerisch, hält fest

verlässt mich nicht, sie nicht.

Ich will

dass der Schmerz aufhört,

die Traurigkeit,

die Hoffnungslosigkeit,

die Ausweglosigkeit.

Aber ganz wird sie nie verschwinden.

„nur schwarz? Das sieht so traurig aus."

- dann passt es ja

getrocknete Tränen schmerzen.

Angst

Kälte

Leere

Schmerz

Verzweiflung

Tränen streicheln

Dunkelheit umarmt

Nacht tröstet und alles erscheint noch hoffnungsloser.

Was will ich?

Wer ist ich?

Bin ich das kleine Kind?

       die Erwachsene?

       die Freundliche?

       die Wütende?

Muss ich mich hassen?

Will ich mich mögen?

Muss ich mich verletzen?

Will ich für mich sorgen?

Ja und doch wieder nein.

Will ich und kann nicht?

Kann ich und will nicht?

Wer in mir ist ich?

Hilfe kommt.

Ein bisschen Hoffnung, dass es für mich weitergehen kann und ich mir etwas aufbauen

kann, eine Art Zuhause.

Mit viel Anstrengung und ein bisschen Zuversicht.

Eigenständig werden, nicht nur nach außen. Mich ganz langsam und vorsichtig in ein neues Leben tasten.

Das Zuhause der Traurigkeit verlassen.

Sobald jemand außer mir Hilfe bekommt,

gehe ich verloren,

bleibt keine Hilfe für mich.

- das Kind in mir

Wie alle anderen konnte ich nie sein.

Schrecklich anders, das war ich immer,

das musste ich sein.

Kann ich mir eine Welt bauen, die nicht wegen jeder Kleinigkeit untergeht?

Wie würde sich das anfühlen?

Nicht wegen eines kleinen Fehlers den Boden unter den Füßen zu verliere?

Ist das möglich?

Für andere so leicht, aber für mich?

Ich halte mich fest an einem Anker,

der von Bord gelassen wird, um zu sinken.

„zu Hause"

Es ist ok. Ich schaffe das.

Egal, wie dunkel es wird.

Vielleicht.

Weihnachten, nur noch ein Wort, abgetrennt von allen schmerzhaften Bildern. Nichts, keine Freude für mich, kein Gott. Besser nichts als Schmerz?

davon treiben auf Wolken

immer weiter verschwinden

kein Gewicht mehr haben

keinen Platz mehr brauchen

Fortschritte, das beste, was mir passieren kann, aber gleichzeitig so angsteinflößend, wie nichts anderes. Mit jedem Fortschritt muss ich mich neu zurechtfinden. Mit jedem Fortschritt betrete ich ein weiteres Stück Neuland, das voller neuer Probleme ist und mir ein weiteres Stück von alten, vertrauten Gewohnheiten wegnimmt.

aber es gibt nur eine Chance auf eine Mutter.

meine ist vertan, für immer.

Und in meinen Träumen

terrorisiert sie mich einfach weiter.

Auf zwei verschiedenen, entgegengesetzten Spuren, zu zwei entgegengesetzten Zielen. Auf beiden Spuren gleichzeitig. Beide Ziele ziehen mich an, aber auf keiner Spur bin ich wirklich, die Anteile wollen zu unterschiedliche Dinge. Die ganze Kraft geht im Dazwischen verloren.

gefesselt im Paradies

„Schau, wie du geendet bist!"

Aber ich bin nicht geendet, ich habe immer wieder angefangen.

ihre lauten Schritte erfüllen mich mit Panik

ihr Klopfen lässt mich erstarren

die Erinnerungen sind wieder da

die Angst ist wieder da

sie ist wieder da.

essen ist zu lebensbejahend

„**A**ber heute geht's?

was soll ich darauf sagen

nein, es geht nicht.

aber das ist ok.

es geht schon.

„Ja, heute geht es."

denn ich will nicht weiter

weggesperrt werden.

Alles ist nichts.

Denn nichts ist perfekt.

ich kann nicht mehr (essen)

lieber will ich sterben

als zu leben

lieber aufgeben

als weiterzukämpfen

endlich klein sein

nicht Stärke vortäuschen

mich verstecken

verschwinden

mein Körper sagt,

alles ist gut.

meine Seele,

alles ist tot.

Auf der Brücke.

Einen Schritt entfernt vom Ende.

Nicht, um zu springen.

Nur, um mich zu spüren.

so hässlich und leer

mein Körper schwer

meine Seele noch schwerer

mein Herz noch leerer.

Ich hasse es, dass ich nur aus Gegensätzen bestehe.

Schwarz und weiß

voller Zweifel und selbstverliebt

offen und verschlossen

arrogant und demütig

boshaft und nachsichtig

klein und riesengroß

selbstlos und egoistisch

abhängig und zurückgezogen

sorglos und pessimistisch

laut und leise

todessehnsüchtig und lebensfroh

farblos und bunt

schlagfertig und sprachlos

verschwenderisch und geizig

emotional und gefühlskalt

zurückhaltend und direkt

reif und kindlich

unsichtbar und auffällig

voll und voller Leere
tot und lebendig.

Verzweifelt versuche ich

zu füllen

das Loch, das sie ließ.

Meine Seele sucht

nach einer Mutter,

weil meine mich verließ.

Stück für Stück

mein Leben lang.

Immer weiter

höhlte sie mich aus.

Nun stehe ich hier,

verlassen, unvollständig, klein.

Jahrelang gestorben

und noch am Leben.

Sag mir nicht, dass du mich verstehst.

Hör auf zu lügen.

Denn du verstehst mich nicht.

Kannst es nicht verstehen.

Hör auf, so zu tun als ob.

Sag mir nicht, dass du mich verstehst.

Nie wieder.

Du hast mein Leben
zerstört.
Mich in tausend Scherben
zurückgelassen.
Klein, gebrochen,
krank, hilflos.

Aber ich stehe auf
ich gehe weiter
langsam immer weiter
lasse dich zurück.
Langsam werde ich stärker.
Stärker, als du jemals warst.
Stärker, als du jemals sein wirst.

Schwebe ohne Halt

die Kontrolle

schon lange verloren

immer die Angst

zu fallen

nie wieder sicher zu sein

nie wieder Halt zu finden

nie nach Hause zu finden.

ich will aufwachen

aus dem Traum,

der keiner ist.

Die Erleichterung spüren,

dass nichts real war,

dass alles gut ist.

Die Sinnlosigkeit verschwindet

nie für lange

und wenn sie es tut

kehrt sie noch stärker zurück

schmerzhafter

    quälender

        erschöpfender

            unerträglicher

                als je zuvor.

Alles ist

zu laut

zu bunt

zu grell

zu viel

zu intensiv.

Ich brauche eine Pause

von mir

von der Welt

vom Leben.

Ich will tagsüber schlafen

und nachts atmen.

Klinikaufenthalt nach Klinikaufenthalt

Diagnose nach Diagnose

aber ich bin nicht krank genug

für Hilfe.

ENTKOMMEN

20 Jahre lang eingesperrt. Der Schlüssel raus aus der Hölle, er war da, zum greifen nah. Systematisch kontrolliert, eingeschränkt, abhängig gemacht, verängstigt, verletzt. Außer Gefecht gesetzt, zu schwach den Schlüssel zu erreichen.

Nach 20 Jahren bin ich entkommen. Die Spuren der Fesseln verschwinden nicht. Sie sind rot und wund. Vielleicht für immer. Ich sehe sie nicht mehr, die Fesseln. Aber ich spüre sie. Sie sind nicht wirklich verschwunden. Aber jeden Tag sammle ich Kraft, um sie zu zertrennen.

Um endlich frei zu sein.

Früher war ich still.

Immer, egal, was war.

Heute rede ich, ich rede, rede, rede und rede.

All die Wörter, die gefangen waren, müssen raus.

Manchmal vermisse ich es, nicht zu reden. Es ist
vertraut und sicher.

Viel zu reden ist gefährlich.

Manche Dinge verändern sich, wenn ich sie
ausspreche, wenn sie gehört werden.

Werden zu klein, zu groß, zu bedrohlich. Zu real, zu
irreal, zu weit weg, zu schmerzlich.

Nie kann ich wissen, was passiert.

Vielleicht passiert nichts. Oder sie werden zu einer
Bombe.

Und alles explodiert. Oder implodiert.

Wenn ich still bin, bin ich sicher.

Hört niemand mich weinen?

Sieht niemand mich verschwinden?

Hört niemand mich schreien?

Sieht niemand mich fallen?

Hört niemand mich schweigen?

Es passiert wieder.

Nach über vier Jahren.

Ich dachte, ich kann es nicht mehr.

Habe verlernt zu lieben. Hatte Angst davor.

Ich kann es noch. Und die Angst wird größer und größer.

Noch beherrscht er meine Gedanken nicht. Noch.

Doch jedes Gespräch: nicht endender Gesprächsstoff.

Jede zufällige Berührung: tausend Funken.

Jeder Blick: ein Aufflackern unendlicher Sehnsucht.

Aber wie lange habe ich noch?

Bevor ich wieder zerbreche, wie vor vier Jahren.

Von 10 000 in 100 000 Scherben.

MACHT

sie weinend

am Boden.

Verzeih mir, BITTE

schluchzend.

Vertauschte Rollen.

Macht, und Schuldgefühle

für dieses Gefühl.

Ich hasse mich so sehr,

dass es weh tut.

Mein Ziel: loslassen.

Die Menschen, die mich kaputt machen.

Die Menschen, die ich lieb(t)e, die längst gegangen sind.

Die Verletzungen, hunderte. Tausend Kilo auf meinen Schultern.

Die Schmerzen, die meinen Kopf vernebeln.

Die Gedanken, die meine Sicht verzerren.

Die Verzweiflung, die mich erstarren lässt. Ein Reh im Licht, bereit zu sterben.

Die Wut, die wie ein Tornado hervorbricht.

Die Angst, die mich am Leben hindert.

Die Trauer, die mich auffrisst. Um das, was ich nie hatte.

Die Sehnsucht, die so viel Platz in mir einnimmt. Nach etwas, das nie kommen wird.

Den Drang zur Selbstzerstörung.

Die Dunkelheit, die mich vor jeder Liebe abschirmt.

Das Gefühl der Abhängigkeit, das mir die Freiheit

nimmt.

Die Mauern, die die Sonne aussperren.

Die schwarzweiße Maske, die keine Farbe in mein
Herz lässt.

Die Krankheit, die mich in meiner kleinen Welt
gefangen hält.

Die Vergangenheit.

Den Blick auf meine

nackten Beine

auf hunderte Narben.

Ich habe genug Narben.

denke ich

fast liebevoll.

Endlich

nach so vielen Jahren

ich brauche mehr Narben

die unendlichen Schmerzen

müssen nach außen

sichtbar werden.

Das Leben tut weh

meine Seele schreit

doch heute weiß ich

die Schmerzen

ich kann sie nicht

rausschneiden.

Heute

ist es ok.

Heute

höre ich sie.

Heute

rede ich für sie.

Gestern hatte ich einen Traum.

Ich war tot, ich lief durch die Welt, unfähig, in das Geschehen einzugreifen. „Ich wollte immer tot sein und jetzt ist es das Schrecklichste, was ich mir vorstellen kann." dachte ich. Ich trauerte um die Möglichkeiten, die ich nie mehr haben würde. Ich versuchte verzweifelt Kontakt zu den Lebenden aufzunehmen.

Aber alles, was ich tun konnte, war zuzuschauen.

Mir fehlt die Schutzschicht
vor der Welt, vor dem Leben.
Du konntest sie nicht sein.
So habe ich es nie gelernt,
die Schutzschicht für mich
selbst zu sein.
Wenn ich sie brauche,
weiß ich nicht weiter.
Fühle ich mich hilflos,
ausgeliefert, ohnmächtig.
Kann mir nicht selber helfen.
Brauche ich jemanden.
Doch niemand ist da.

Schau zum Mond,

kleines Mädchen.

Schau zum Mond,

schau zum Mond.

Du bist so klein,

so einsam.

Schau zum Mond

Er ist da

passt auf dich auf.

Halte durch.

Kleines Mädchen.

Halte durch,

halte durch.

Du weinst,

du verzweifelst.

Schau zum Mond

Er ist da
passt auf dich auf.

Gib nicht auf,
kleines Mädchen.
Gib nicht auf,
gib nicht auf.

Du wirst leise.
Du verschwindest.
Schau zum Mond,
Er ist da
passt auf dich auf.

Bleib hier,
kleines Mondmädchen,
bleib hier.
bleib hier.

Eine Sternschnuppe

Ein Zeichen

Genau jetzt so nötig

Ein bisschen Hoffnung

Ganz viel Magie

Ich habe mir dich gewünscht.

Sie schließt dich ein

hält dich gefangen

gefangen in dir selbst.

Fliehen in Geschichten,

Traumwelten, Bücher.

Sie hat die Macht über dich

du tust, was sie dir sagt

bist ihre Marionette

zu schwach dich zu wehren.

Sie nimmt dir deine Stimme

damit dich niemand hört.

Niemand. Niemals.

Ich möchte in der Zeit zurück reisen. 6 Jahre, 8 Jahre, 10 Jahre, 12 Jahre…

Zu dem kleinen Mädchen von damals. Möchte sie umarmen, weil sie keiner umarmt. Sie trösten, weil sie alleine ist mit ihrer Angst. Mich schützend vor sie stellen, weil keiner die Gefahr sieht.

Sie an die Hand nehmen und für immer mit ihr fortgehen. Sie in Sicherheit bringen.

Was ist wenn

meine Träume

mich entführen

meine Kreativität

mich verschluckt

meine Musik

mir die Stimme nimmt

meine Empathie

mich selbst verdrängt

das Wasser des Lebens

mich ertränkt

das Feuer in mir

mich verbrennt?

Was ist wenn?

1000 bunte Stifte habe ich,

um mein Leben zu füllen,

schwarz und weiß fast aufgebraucht.

Langsam lerne ich, sie alle zu benutzen,

einen nach dem anderen,

bis mein Leben unendlich bunt ist.

Was ich mir wünsche?

Einen Herzenswunsch,

der mir Kraft gibt,

um weiterzumachen.

Der mich mit Hoffnung erfüllt,

auch wenn alles schief geht.

Der mich glauben lässt,

an den Sinn, von allem, was passiert.

Der mich selbst in den dunkelsten Stunden

nicht verlässt.

Ich habe Wünsche,

aber was sind sie wert?

Ohne einen Herzenswunsch.

Vielleicht ist kein Platz

in meinem Herzen

für Herzenswünsche.

Vielleicht ist da

zu viel Schmerz,

zu viel Sehnsucht,

nach dem was mir fehlte

und immer noch fehlt.

Wie viel Zeit mir noch blieb?

Wie lange ich noch hatte?

7 Monate.

Bevor ich das,

was mir nie gehörte,

verloren habe.

Ich

f

a

l

l

e

f

a

l

l

e

f

a

l

l

e

und nein,

es fühlt sich nicht an wie

fliegen.

Wie konnte ich glauben,

dass ich dieses mal

gut genug bin?

Dass ich dieses mal

Glück habe?

Wie konnte ich glauben,

dass es diesmal

passt?

Dass die Liebe mich nicht mehr

hasst?

Was mache ich hier

wenn ich dich nicht habe?

Ich möchte weg

weg von dir

dich nie wieder sehen.

Ich will dich vergessen

Dein Lachen

Deine Witze

Deine Tiefgründigkeit

Deine Empathie

Deine starken Hände

Deine liebevolle Art

Deine Fürsorglichkeit

Deine tiefen blauen Augen

Das Gefühl, das du mir gibst.

Alles, was ich an dir liebe.

Ich glaube, ich bin froh,

dass wir kein Lied hatten, kein Datum.

Dass ich nicht weiß, wie es ist,

dich zu berühren, zu küssen.

Dass ich nur einen Traum vermisse.

Schon wieder bleibe ich allein.

Schon wieder sind es meine Tränen.

Schon wieder fehlt ein Stück von mir.

Ist das Loch in mir zu klein?

Bleibt irgendwann nichts mehr von mir übrig?

Ist das der Plan?

Meine Augen brennen wie Feuer.

Ich zittere und friere.

Es ist Winter in mir.

Soll ich dir danken, Schicksal?

Für den Schmerz,

die Quelle meiner Kunst?

Soll ich dir danken,

Für die Stärke,

die ich durch meine Geschichte bekomme?

Soll ich dir danken,

für dein Vertrauen,

dass ich all das tragen kann?

Ich werde nie mehr für dich sein,

als das kleine, hilfsbedürftige, kaputte Mädchen.

Da bleibt kein Platz für Liebe.

Das Leben ist eine Prüfung,

aber wofür?

Kannst du durch meine Augen

in mich hineinschauen?

Ich brauchte deine Hand,

du hast mich weg geschubst.

Ich brauchte deinen liebevollen Rat,

du hast mich ausgeschimpft.

Ich brauchte dein offenes Ohr,

du hast mich nicht verstanden.

Ich brauchte dein Lächeln,

du hast auf mich herab geschaut.

Ich brauchte deine Zuwendung,

du hast mich nicht gesehen.

Ich brauchte deine Ermutigung,

du hast mich klein gemacht.

Ich brauchte deinen Trost,

du hast mich angeschrien.

Ich brauchte deine Umarmung,

du hast mich geschlagen.

Ich brauchte deine Liebe,

du hast dich weggedreht.

Ich brauchte dich,

Mama.

Siehst du mich an

oder dein Spiegelbild in meinen Augen?

Hörst du mir zu

oder deinen Gedanken?

Redest du mit mir

oder mit dir selbst?

Das Herz

zur Hälfte schwarz

zur Hälfte voller Blumen.

Gänseblümchen im Haar

durchsichtig blaue Haut

voller Leben.

Bücher für das kleine Mädchen

unendlich viele Geschichten, um zu vergessen,

wie unerträglich ihre eigene ist.

Nein, jung zu sterben

ist nicht meine Bestimmung.

Mein Leben zu beenden

ist nicht heldenhaft

nicht magisch

nicht romantisch

nicht schön

nicht stark.

Es tut weh, wenn dir Flügel wachsen.

Kopfhörer

laute Musik

den Schmerz herausschreien

die Nacht überleben.

„**W**ie lange möchten Sie noch wütend auf sie sein?" fragt meine Therapeutin mich. Ich weiß es nicht. Die Wut muss raus, aber wie viel Wut ist in mir? Wie lange möchte ich noch wütend sein? Bevor ich Frieden schließen kann, mit dem, was passiert ist? Bevor ich ihr vergeben kann?

ein Jahr ohne neue Narben

ein Jahr, das mir meine Stärke zeigt

ein Jahr, das mir zeigt, dass ich sie besiegen kann,

die Selbstzerstörung.

Das Leben ist keine Matheaufgabe.

Ich habe meinen Körper dafür gehasst, dass er mich am Leben hält. Mein Herz, das schlägt, meine Lunge, die atmet.

Heute empfinde ich Dankbarkeit, dafür, dass er so viel ausgehalten hat, Schuld dafür, was ich ihm angetan habe und manchmal noch antue, obwohl ich es nicht möchte.

Lebenslänglich
in meinem Kopf
in meinem Körper
in meinem Leben.

Erwachsen werden ist, hundert Zettel mit Terminen an der Pinnwand haben, wenn der Schlüsselbund größer wird, wenn der Staub sich überall sammelt, man sich selbst zum Aufräumen motivieren muss, wenn Briefe bekommen langweilig wird.

Ich vermisse die Leichtigkeit der Kindheit, die ich nie hatte.

alle sind wir fremd

auf dieser Welt

auf der Suche

nach Halt

etwas Bekanntem

das die Fremde

Zuhause werden lässt

kleine Marionetten

an eisernen Ketten

jeder kann uns sehen

doch niemand verstehen

wunderschöne Scheinwelt

die uns immerzu quält

gesteuert jede Bewegung

geplant jede Begegnung

kraftlos lassen wir uns hängen

doch wird man uns drängen

uns wieder aufzusetzen

sofort weiterzuhetzen

niemand kann uns retten

aus unseren Ketten.

Nie wieder

werde ich jemanden

wie dich

in mein Leben lassen

Nie wieder

lasse ich mir

meine Würde

meine Stimme

meine Gedanken

meinen Körper

meine Kraft

nehmen.

Der Tod springt
durch meinen Kopf,
spielt Verstecken
mit meinen Gedanken.

Hier bin ich,
schau mich an,
bin ich nicht schön
und verlockend?

Wieder will er
mich erschrecken,
aus meinen Träumen
wecken.

Vergiss mich nicht,
hier bin ich,
viel besser als das Leben
und die Realität.

Auch im Schlaf
bin ich nicht sicher,
nie lässt er mich
allein.

Damals hatte ich
keine Wahl.
Heute kann ich
mich verteidigen
mit aller Kraft.

Damals hatte ich
keine Stimme.
Heute kann ich
reden, so laut,
dass mich jeder hört.

Damals war ich
unsichtbar.
Heute kann ich
mich bemerkbar machen
so, dass mich jeder sieht.

Damals habe ich
mich versteckt.
Heute kann ich
mich zeigen,
aufrecht und stolz.

Male deine Gefühle, sagte sie

und ich malte

schwarze Löcher

ein einsames Mädchen

weit weg von der Welt

eine Seifenblase bei Nacht

Rosen, schwarz auf schwarz

tausend Sterne am Himmel.

Wie fühlst du dich, fragte er.

Als ob die Sonne nie

wieder aufgeht für mich.

Das ist kein Gefühl, sagte er.

Fühlst du dich traurig?

Nein. traurig ist so ein

kleines unbedeutendes Wort.

Es ist so viel mehr als das.

fürsorglich

intelligent

ehrlich

tiefgründig

verrückt

zielstrebig

so

sehen mich andere?

egoistisch

dumm

verlogen

oberflächlich

faul

so

sieht sie mich.

und ihre Stimme

ist lauter

ist nie verstummt

in Wahrheit

hassen mich alle

denn mich

kann man nicht mögen

Komplimente

kann ich nicht glauben

jedes Lächeln ist gelogen

und ich

falle darauf rein.

ich weiß nicht, was ich will

ich weiß nicht, wer ich bin

ich weiß nicht, wohin ich gehe

Schule, Freiwilligendienst

studieren, arbeiten?

weil man das so macht

aber will ich das wirklich?

bin ich das wirklich?

ist das mein Weg?

oder nur der von vielen anderen?

Meine Zeit

läuft ab

Sekunde

um Sekunde

Habe ich noch

unendlich viele

oder eine einzige?

Mein Körper ist ein Tatort

Blutspuren

Narben

Löcher

Schwarze Farbe

in meinem Kopf

dringend tatverdächtig: SIE

und am Ende auch ich.

Ich bin so verdammt wütend

ich verstehe die Menschen nicht

verstehe ihr Unverständnis nicht

ich hasse ihren Hass

ihre geschlossenen Augen

die Mauern, die sie bauen

die Scheuklappen, die sie tragen

ihre Gedankenlosigkeit

ihre Leichtsinnigkeit

ihre Entschuldigungen

ihr Starren und Nichtstun.

Todesursache

Einsamkeit

Dunkelheit

Stille

Hass

eine Überdosis dunkle Gedanken

ich bin

wie eine Zimmerpflanze

gefangen und hilflos

abhängig von der Fürsorge anderer.

ich bin

wie ein Notizbuch

leer und bedeutungslos

bis mir jemand einen Sinn gibt.

ich bin

wie eine Kamera

blind und dunkel

bis mir ein Film Leben einhaucht.

ich bin

wie ein Fotoalbum

nichtssagend und langweilig

ohne fremde Bilder.

an manchen Tagen

sind meine Gefühle

wie ein Gewittersturm

laut, stark, nass

und ich: 10km weit

weg von zuhause

an manchen Tagen

sind meine Gefühle

wie eine Wand aus Wolken

grau, schwer, nebelig

die mich niederdrückt

und blind macht

an manchen Tagen

sind meine Gefühle

wie ein Nieselregen

kalt, beständig, feucht

kaum merkbar und doch

bin ich abends durchnässt

an manchen Tagen

sind meine Gefühle

wie die Sonne

quälend, unbarmherzig, heiß

so, dass ich keine Kraft habe

um wegzulaufen

meine Familie schweigt.

immer ist alles gut

niemand je traurig

Wut nicht erlaubt

Tränen hinter verschlossenen Türen

Streit erstickt

Liebe kaum spürbar

Spaß verboten

stille Feindseligkeit

Leistungsdruck wiegt schwer

eiskaltes Lachen

Schmerzen versteckt

Trauer verleugnet

Gewalt verschwiegen

Traumata tief vergraben.

nach außen sind wir perfekt

großes Haus

gepflegter Garten

gut bezahlter Job

eine süße Katze

viele Kinder

vorbildlich erzogen

musikalisch begabt

mit guten Noten

Gewinner.

Etwas in mir

schreit nach Schmerzen

es möchte mich

leiden sehen

verspricht mir

Erleichterung, Ruhe

nach der Unruhe

die mich quält.

Ich atme

Schmerzen ein

und Wörter aus.

Ich atme unter Wasser.

Ich trinke Luft.

Ich esse Steine.

niemand wird kommen

um mich zu retten.

kein Prinz, kein Held, kein Gott.

keine Mutter.

ich stecke fest in einer Illusion

hänge alles an eine Person

will nicht verstehen

dass ich selbst mich retten muss.

Musik an

ich will nicht mehr hören

wie sie weinen

was sie schreien

mein Kopf ist lauter

als ich ertragen kann

meine Gedanken werden lauter

wenn sie weinen.

ich verstecke mich wieder.

schweige wieder, wenn ich reden will.

lache, anstatt zu weinen.

lasse niemanden an mich ran.

habe wieder angefangen Mauern zu bauen.

manchmal versagen meine Worte.

manchmal ist mein Stift zu langsam.

manchmal tut es zu weh.

manchmal ist es zu dunkel.

vielleicht bin ich schon zu lange kalt.

vielleicht bin ich schon zu weit weg.

vielleicht komme ich nicht mehr zurück.

ich möchte meinen Schmerz herausschreien
denn niemand darf ihn hören.

die Wörter, die ich einsperre,

zerfressen mich von innen.

Egal, wie sehr ich kämpfe.

Nie ist es genug.

Ich drehe mich im Kreis.

Kein Weg hat funktioniert.

Wer kann mir sagen, dass ich nicht dort bin, wo ich hingehöre?

Wer kann mir sagen, dass ich nicht für etwas bestraft werde?

Wer kann mir sagen, dass ich etwas besseres verdiene?

Wer kann mir sagen, dass ich Hoffnung haben darf?

Wer kann mir sagen, dass ich träumen darf?

Wer kann mir sagen, dass alles gut wird?

Wer kann mir sagen, dass ich nicht alles falsch mache?

Wer kann mir sagen, dass ich nicht abstoßend bin?

Wer kann mir sagen, dass es mir gut gehen darf?

Wer kann mir sagen, dass ich wertvoll bin?

Wer kann mir sagen, dass ich geliebt werde?

Wer kann mir sagen, dass ich genug bin?

Wem könnte ich glauben?

Wäre es anders gekommen?

Wenn ich nicht die älteste von so vielen Kindern gewesen wäre. Wenn ich andere Eltern gehabt hätte. Wenn ich in einer anderen Zeit aufgewachsen wäre. Wenn ich mehr Liebe gespürt hätte. Wenn ich eine bessere Tochter gewesen wäre. Wenn ich lauter gewesen wäre. Wenn wir nicht umgezogen wären. Wenn ich nie Geige gespielt hätte. Wenn ich bessere Noten gehabt hätte.

Wenn jemand hingeschaut hätte?

Ich suche den Schmerz.

Sauge ihn auf.

Aus den Nachrichten.

Aus Büchern.

Aus Geschichten.

Aus Musik.

Die Traurigkeit will gefühlt werden.

Sie gehört mir.

Ich lade sie ein.

Jede geweinte Träne.

Sie gehört mir.

Für immer.

Meine Krankheit ist gierig und selbstsüchtig.

Sie will am größten sein. Mich ganz vereinnahmen. Mir muss es schlechter gehen, als allen anderen. Sie will meine Zeit und meine Träume. Mein ganzes Leben.

Sie will mich töten.

Meine Monster habe ich selbst geschaffen.

in meinen dunkelsten Nächten.

Jede Befreiung aus meiner Einsamkeit war

willkommen.

Egal, wie grausam sie war.

ich verschwende das wertvollste, was ich habe.

meine Zeit, meine Jugend.

ohne nachzudenken, jeden Tag.

„Klimaangst"

ich bin abwechselnd hoffnungslos, verängstigt, verzweifelt, traurig und wütend.

Ein Teil von mir hat sich still darauf eingestellt, dass mein Leben von der Klimakatastrophe abhängen und von ihr bestimmt werden wird. Dass sie meine 2. böse Kindheit, meine 2. böse Mutter sein wird. Dass alles, was getan wird und vor allem was ich tue nicht reichen wird.

Ein Teil von mir will panisch wegrennen und verschwinden, sterben, aus Angst, und weil die Welt dann einen Menschen weniger tragen muss.

Ein Teil von mir stürzt sich wie verrückt in das Thema Umweltschutz und was ich tun kann und würde dem am liebsten mein ganzes Leben widmen, nicht ich sein, sondern ein Klimaaktivisten-Roboter, mich komplett verausgaben, bis ich tot umfalle.

Ein Teil von mir möchte nie wieder aufhören zu weinen, bei den Gedanken an die Auswirkungen. An das Leiden von unendlich vielen Lebewesen.

Ein Teil von mir möchte allen Menschen weh tun, die nicht verstehen, wie drängend dieses Thema ist und einfach die Augen verschließen. Vernunft in sie hinein prügeln. Oder das Leben aus ihnen heraus. Weil die Erde zu gut für sie ist.

ich möchte nicht, dass mein Leben besser wird, dass ich besser klarkomme, dass ich gelassener sein kann. Es muss schwer sein für mich, ich muss diese heftigen Emotionen spüren, ich darf mich nicht entlasten.

Eine 2. Kindheit wünsche ich mir. Aber was wäre dann? Könnte ich mich dann lösen und selbstständig werden oder würde ich für immer in der Abhängigkeit bleiben?

Ich dachte ich bilde mir ein

dass ich nicht mehr kann.

Ich dachte meine Überforderung

ist gespielt und jetzt

bin ich wieder hier

weil es alleine nicht geht

weil ich wirklich nicht mehr kann.

Ich fliehe

in die Überforderung

in die Unfähigkeit

in die Essstörung

ins Kind sein.

Male dich als Baum:

Halb tot, halb lebendig

gespaltener Stamm

weit verzweigte Äste

winzige grüne Triebe

dem Licht zugewandt

trotz allem.

ich soll vertrauen

sagt man mir um

mich dann zu verletzen.

Nicht absichtlich aber

gleichgültig

ich verlange zu viel

und erwarte zu wenig

Ich halte mich am Leben.

Manchmal bin ich kurz davor,

meine Fortschritte zu verbrennen.

Tag für Tag zerren Gedanken an mir.

Ich will sterben dürfen lass mich

verhungern aber ich lasse es nicht zu

schaue nach rechts und links

bevor ich Straßen überquer'

manchmal fällt mir das schwer.

Höre hin, was mein Körper versucht zu sagen,

damit er nicht stirbt.

So viele geben auf.

Ich mache weiter,

doch stark fühl' ich mich nicht

und immer noch halte ich mich am Leben.

Zeitfracht Medien GmbH
Ferdinand-Jühlke-Straße 7
99095 Erfurt, Deutschland
produktsicherheit@kolibri360.de